Atteindre la liberté financière pour les adolescents.

Série :
La liberté financière à tout âge.

ATTEINDRE LA LIBERTÉ FINANCIÈRE POUR LES ADOLESCENTS

Série "La liberté financière à tout âge"
Par : D.K. Hawkins
Version 1.1 ~décembre 2021
Publié par D.K. Hawkins sur KDP
Copyright ©2021 par D.K. Hawkins. Tous droits réservés.

Aucune partie de cette publication ne peut être reproduite, distribuée ou transmise sous quelque forme ou par quelque moyen que ce soit, y compris la photocopie, l'enregistrement ou d'autres méthodes électroniques ou mécaniques ou par tout système de stockage ou de récupération de l'information, sans l'autorisation écrite préalable des éditeurs, sauf dans le cas de très brèves citations incorporées dans des critiques et de certaines autres utilisations non commerciales autorisées par la loi sur le droit d'auteur.

Tous droits réservés, y compris le droit de reproduction totale ou partielle sous quelque forme que ce soit.

Toutes les informations contenues dans ce livre ont été soigneusement recherchées et vérifiées quant à leur exactitude factuelle. Toutefois, l'auteur et l'éditeur ne garantissent pas, de manière expresse ou implicite, que les informations contenues dans ce livre conviennent à chaque individu, situation ou objectif et n'assument aucune responsabilité en cas d'erreurs ou d'omissions.

Le lecteur assume le risque et l'entière responsabilité de toutes ses actions. L'auteur ne sera pas tenu responsable de toute perte ou dommage, qu'il soit consécutif, accidentel, spécial ou autre, pouvant résulter des informations présentées dans ce livre.

Toutes les images sont libres d'utilisation ou achetées sur des sites de photos de stock ou libres de droits pour une utilisation commerciale. Pour ce livre, je me suis appuyé sur mes propres observations ainsi que sur de nombreuses sources différentes, et j'ai fait de mon mieux pour vérifier les faits et accorder le crédit qui leur est dû. Dans le cas où du matériel serait utilisé sans autorisation, veuillez me contacter afin que l'oubli soit corrigé.

Les informations fournies dans ce livre le sont à titre informatif uniquement et ne sont pas destinées à être une source de conseils ou d'analyse de crédit en ce qui concerne le matériel présenté. Les informations et/ou documents contenus dans ce livre ne constituent pas des conseils juridiques ou financiers et ne doivent jamais être utilisés sans avoir consulté au préalable un professionnel de la finance afin de déterminer ce qui convient le mieux à vos besoins individuels.

L'éditeur et l'auteur ne donnent aucune garantie ou autre promesse quant aux résultats qui peuvent être obtenus en utilisant le contenu de ce livre. Vous ne devez jamais prendre de décision d'investissement sans consulter au préalable votre propre conseiller financier et sans effectuer vos propres recherches et diligences. Dans toute la mesure permise par la loi, l'éditeur et l'auteur déclinent toute responsabilité dans le cas où les informations, commentaires, analyses, opinions, conseils et/ou recommandations contenus dans ce livre s'avéreraient inexacts, incomplets ou peu fiables, ou entraîneraient des pertes d'investissement ou autres.

Le contenu de ce livre n'est pas destiné à et ne constitue pas un conseil juridique ou un conseil en investissement et aucune relation avocat-client n'est établie. L'éditeur et l'auteur fournissent ce livre et son contenu sur une base "telle quelle". Vous utilisez les informations contenues dans ce livre à vos propres risques.

TABLE DES MATIÈRES.

TABLE DES MATIÈRES..3

INTRODUCTION..5

CHAPITRE 1 9

   L'importance de l'éducation financière pour les adolescents. 9

CHAPITRE 2 18

   Comment les adolescents peuvent apprendre à gérer les cartes de crédit..18

CHAPITRE 3 29

   Comment aider votre adolescent à comprendre les impôts. 29

CHAPITRE 4 33

   Pourquoi les adolescents devraient commencer à épargner tôt?...33

CHAPITRE 5 37

   Possibilités d'emploi à temps partiel pour les adolescents. 37

CHAPITRE 6 45

   Les moyens pour les adolescents de générer des revenus passifs...45

CHAPITRE 7 53

   Préservez votre salaire en élevant un adolescent autonome sur le plan financier...53

CHAPITRE 8 58
  Attitudes financières pour aider votre adolescent. 58
CHAPITRE 9 62
  Préparer les adolescents à la liberté financière. 62
CONCLUSION. 66

INTRODUCTION.

Malheureusement, notre système éducatif nous forme encore à nous comporter comme des victoriens. On nous enseigne l'arithmétique, l'anglais et quelques autres cours qui nous seront utiles au quotidien. Cependant, lorsqu'il s'agit d'éducation financière, la plupart des cours sont préhistoriques.

Ils nous apprennent à échanger notre temps contre de l'argent ; ils nous conseillent de trouver un emploi et d'avoir un patron qui nous dit quand prendre des vacances et quand nous présenter au travail, le tout pour parfois moins que le salaire minimum, sans parler de payer des impôts supplémentaires. Ils nous punissent si nous faisons des erreurs, et si nous ne réussissons pas nos examens, nous sommes considérés comme des ratés.

On n'entre pas dans une bonne école en mémorisant ce qu'un bureaucrate du gouvernement vous dit. Dans la vie réelle, les individus apprennent de leurs erreurs ; de même, les individus financièrement éduqués tentent d'apprendre des erreurs des autres, ce qui peut s'avérer moins coûteux pour eux.

Pour moi, les personnes les plus influentes sont les jeunes, en particulier les adolescents. Je crois qu'il est important que nous ne les élevions pas avec les mêmes valeurs que nos parents. Ils doivent apprendre à être des entrepreneurs, à être créatifs et à utiliser leur créativité pour générer des idées génératrices de revenus.

Ils doivent également apprendre à faire travailler leur argent pour eux. Ils ne poursuivent pas un salaire toute leur vie avec la sécurité sociale comme pot d'or au bout de l'arc-en-ciel.

Une pension d'État garantie ou un fonds commun de placement rapporte peut-être 100 % en 15 ans, même si le prix du carburant peut grimper de 100 % en une seule année. Comment cela peut-il être la sécurité financière à laquelle aspirent les demandeurs d'emploi ?

C'est une prescription pour un désastre économique, car de nombreux adolescents ne connaissent pas les principes fondamentaux de l'utilisation des cartes de crédit et des prêts hypothécaires, malgré près de deux décennies d'enseignement à l'école et à l'université.

Pour éviter cette situation et d'autres difficultés, nous devons maintenir l'éducation, mais les individus doivent être compétents pour enseigner ces sujets. Si vous voulez apprendre à gagner de l'argent, vous devez d'abord apprendre des personnes qui ont réussi.

Si votre conseiller financier travaille dans un bureau et gagne 1000 $ par semaine en vous vendant des assurances-vie ou quelqu'un d'autre, comment peut-il vous conseiller sur la façon de gagner 1000 000 $ ou, d'ailleurs, vous montrer comment gagner un million ;

S'il savait comment gagner un million, il ne serait pas en train de travailler dans un bureau pour

1000 dollars par semaine ou de conduire une BMW pour 500 dollars par mois avec un taux d'intérêt de 15%.

Si vous voulez donner à votre adolescent une longueur d'avance dans la vie, enseignez-lui ces compétences immédiatement. C'est la seule façon pour eux d'atteindre la liberté financière.

Bonne lecture.

CHAPITRE 1

L'importance de l'éducation financière pour les adolescents.

Tous les parents savent qu'il est de leur responsabilité de parler à leurs adolescents de "sexe" et de "boisson". Ouvrir les portes de la communication peut aider les gens à faire de meilleurs jugements.

Un sujet dont on ne parle pas encore assez est celui de l'argent. En conséquence, les jeunes ont des dettes massives et des problèmes de crédit qui les tourmenteront jusqu'à la fin de leur vingtaine, voire toute leur vie.

Vous ne donneriez pas à votre enfant de seize ans les clés de votre voiture sans qu'il ait suivi un cours de conduite, alors ne le laissez pas partir sans une éducation financière pratique ?

Ces deux situations pourraient nuire à la situation financière de votre enfant pendant des années.

Les jeunes sont envoyés chaque jour dans le "monde réel" avec une connaissance extrêmement limitée de la manière de gérer leurs finances. Même les plus petites erreurs peuvent avoir un impact durable sur le destin financier de votre enfant. Un seul paiement manqué sur une carte de crédit ternira son dossier de crédit pendant sept ans.

S'ils continuent à commettre ces erreurs, ils risquent de se retrouver dans une spirale de calamités financières.

Les écoles secondaires publiques sont déjà bien connues pour leur manque d'instruction financière pratique pour les adolescents. Les tuteurs ou les parents savent déjà combien la gestion de l'argent est importante pour le niveau de stress, la santé et la qualité de vie globale de leurs enfants.

Cela signifie qu'en tant que parents, vous devez enseigner à vos enfants les connaissances financières dont ils auront besoin dans l'économie d'aujourd'hui.

Il existe des leçons financières essentielles que vous pouvez enseigner à vos enfants. Toutefois, vous devez d'abord déterminer vos principes et votre approche pédagogiques. Trois styles parentaux prédominants influencent la façon dont vos enfants perçoivent l'argent.

- Les parents qui ne se croient pas qualifiés. C'est le dilemme parental le plus souvent rencontré lorsqu'il s'agit de donner une éducation financière pratique aux enfants. Ces parents sont souvent stressés car ils reconnaissent l'importance de l'éducation financière mais ne savent pas par où commencer.

Ils peuvent manquer de confiance dans la formation de leurs enfants parce qu'ils ne comprennent pas correctement les problèmes financiers. Lorsque leurs enfants commencent à faire les mêmes erreurs financières qu'eux, ils se sentent souvent coupables.

Si vous vous identifiez à cette situation, laissez tomber toute émotion négative, car ce n'est pas votre faute. Si vous êtes comme la plupart des gens, vous n'avez jamais reçu cette information. Par conséquent, profitez de cette occasion pour enseigner l'argent à vos enfants et grandir ensemble.

- Les parents qui s'opposent à l'enseignement. De nombreux parents ont conscience de l'importance de l'argent, mais ne savent pas comment l'enseigner à leurs enfants. Ils ne savent pas quoi enseigner, comment l'enseigner et si leurs enfants tiendront compte de leurs conseils.

Ils reconnaissent également qu'ils répondront peut-être mieux à la transmission par d'autres personnes de leçons financières pratiques tout au long de l'adolescence de leurs enfants. En tant que parent, vous n'êtes pas chargé d'enseigner la biologie ou la géométrie à vos enfants, alors pourquoi vous sentiriez-vous obligé de leur enseigner un sujet aussi vital que l'argent ?

- Les parents qui inscrivent leur enfant à l'école des coups durs. Beaucoup d'entre nous ont appris à la dure ce qu'est l'argent. Souvent, des erreurs sont commises, ce qui nous oblige à travailler encore plus dur pour les corriger. Les parents qui croient en cette méthode d'apprentissage prennent un risque important avec la vie de leurs enfants, un risque qui pourrait avoir des effets catastrophiques à long terme.

Il existe des solutions pour aider votre enfant à prendre un bon départ dans la vie ; utilisez-les ! Souvent, les leçons apprises à l'école des coups durs durent toute la vie. Cependant, ces erreurs détruisent souvent la confiance de votre enfant et éliminent toute possibilité pour votre jeune d'obtenir un jour son indépendance financière.

Chaque adolescent devrait suivre un cours d'éducation financière professionnelle pour échapper aux pièges financiers qui guettent tant de gens. Voici trois suggestions pour vous aider à préparer votre enfant à suivre un cours d'éducation financière structuré.

1) Le mode de vie. Les enfants et les adolescents ne se préoccupent généralement pas de l'argent. L'argent est ce qui les incite à apprendre. En associant l'argent aux loisirs, à la liberté et à un mode de vie, ils seront motivés pour en apprendre davantage sur l'argent. Une fois qu'ils auront compris la liberté personnelle que procure l'argent, vous constaterez que vos enfants deviendront enthousiastes et désireux d'acquérir une éducation financière pratique.

Faire le lien entre l'argent et le mode de vie est un excellent moyen de mieux connaître vos enfants, et c'est aussi la première étape pour les aider à développer une bonne relation avec l'argent. Prenez le temps de parler avec eux de leurs rêves.

Peu importe à quel point leurs aspirations financières vous semblent improbables, appréciez-les et utilisez-les pour les inciter à étudier tout ce qu'ils peuvent sur les questions financières.

Par exemple, si votre enfant de seize ans rêve de posséder un jour un restaurant, assurez-vous de soutenir son ambition. Plutôt que d'apprendre aux enfants à épargner sans but, vous pouvez maintenant utiliser leur objectif comme une excuse pour leur enseigner les questions d'argent.

2) Comptes bancaires : Ils devraient ouvrir des comptes de chèques, d'épargne et d'investissement dès que possible. Peu importe qu'ils soient au jardin d'enfants ou à l'université ; l'ouverture précoce de ces comptes leur procurera un avantage à vie.

Plus l'association avec une banque ou un établissement financier est ancienne, plus votre enfant pourra bénéficier d'avantages. La plupart des banques offrent des incitations aux clients qui sont avec elles depuis plus longtemps que les nouveaux clients ne bénéficient pas. Elles offrent aux clients privilégiés différentes incitations, notamment des taux plus bas, de meilleures conditions et davantage de services, et ils sont souvent plus facilement admissibles à des prêts.

Outre les avantages financiers, les adolescents qui ont ouvert les bons comptes se sentent plus responsables de leur avenir financier. Ce sens des responsabilités est important pour préparer adéquatement votre enfant avant qu'il ne parte vivre de façon indépendante.

3) Faites un investissement précoce. Encouragez votre adolescent à commencer à investir dès qu'il aura économisé un peu d'argent. Le marché boursier est un excellent point de départ pour les enfants ; toutefois, ils doivent s'abstenir d'acheter des actions individuelles ou des fonds communs de placement. Les deux sont excessivement dangereux, à moins d'avoir reçu une formation spécialisée en matière d'investissement. Vous pouvez également investir dans le marché au sens large.

Grâce à divers véhicules d'investissement, il est aussi simple d'acheter une action ou un fonds commun de placement pour investir sur le marché général. Un simple investissement sur le marché peut offrir à votre jeune un risque plus faible, des rendements plus réguliers et une diversification accrue.

Le meilleur aspect est que cette méthode est assez simple à mettre en œuvre. Une fois qu'il a créé son compte de placement, il peut l'automatiser pour que l'investissement soit effectué automatiquement pour lui chaque mois.

Préparer votre adolescent aux réalités du XXIe siècle est un aspect important d'une éducation parentale responsable. Vous ne donneriez jamais une voiture à votre enfant sans lui apprendre à conduire ; de même, avant qu'il ne déménage, assurez-vous qu'il reçoive une véritable éducation financière. De même, avant qu'il ne déménage, veillez à ce qu'il reçoive une véritable éducation financière. Cette éducation lui sera bénéfique pour le reste de sa vie.

CHAPITRE 2

Comment les adolescents peuvent apprendre à gérer les cartes de crédit.

Le nombre d'adolescents qui possèdent des cartes de crédit a augmenté de façon spectaculaire. C'est devenu une épidémie croissante, la majorité des adolescents accumulant des dettes importantes. En raison de leur jeunesse, la plupart des adolescents n'ont aucune idée ou compréhension de la gestion des dettes, et une fois qu'ils ont accumulé des montants substantiels de dettes, ils ne savent pas comment s'en sortir.

Par conséquent, la plupart d'entre eux commencent leur vie avec une faillite ou un mauvais dossier de crédit. La majorité d'entre eux travaillent des heures extrêmement longues mais ne parviennent toujours pas à rembourser leurs dettes, et certains se retrouvent même piégés dans des crises de dettes circulaires pour tenter de rembourser leurs dettes.

Malgré les conséquences extrêmement négatives, nous allons tenter d'expliquer pourquoi l'endettement des adolescents par carte de crédit a connu une telle augmentation.

Cette augmentation est due au marketing agressif des sociétés de cartes de crédit et au mythe selon lequel le fait de fournir une carte de crédit à un jeune enfant lui apprend à gérer son argent et ses dettes.

De plus, les adolescents considèrent l'endettement par carte de crédit comme une extension de leur revenu et de leur liberté, ce qui leur permet de faire des achats sans déranger leurs parents ni se soucier de l'argent. Enfin, elle est due à l'ignorance par les adolescents du fonctionnement des cartes de crédit et de la relation entre les cartes de crédit et l'argent liquide. Toutefois, cette leçon est apprise, mais à la dure.

Les banques et les sociétés de cartes de crédit considèrent les étudiants comme des clients potentiels et s'adressent activement à eux aujourd'hui. Ainsi, lorsqu'ils commenceront leur carrière, l'entreprise les aura déjà comme consommateurs. Cela se traduit par des revenus supplémentaires pour l'entreprise.

Ainsi, elles présentent la carte de crédit comme un article nécessaire pour l'étudiant. Sous l'influence des spécialistes du marketing, chaque étudiant désire paraître cool, dépenser sans compter et être libéré de tout souci d'argent et de financement. Cette liberté a un prix, dont l'étudiant n'est absolument pas conscient.

Les adolescents au lycée ou au début de l'université sont trop immatures pour être vraiment économes dans leurs dépenses. De nombreux jeunes ont beaucoup de choses qui se disputent leur attention, ce qui les incite à dépenser librement pour tout ce qu'ils veulent.

Par conséquent, ils continuent à gaspiller de l'argent dans des activités frivoles comme le cinéma, les soirées entre amis et les pizzas de minuit. Pendant ce temps, ils accumulent des montagnes de dettes. Même les groupes de défense des consommateurs ont exprimé des réserves quant à la légitimité de remettre une carte de crédit à des adolescents.

Cela implique qu'ils auront un accès illimité à des articles en ligne qui ne sont pas acceptables pour eux, comme des contenus pornographiques, des alcools nocifs et des armes mortelles qui peuvent être acquis en ligne à l'insu de leurs parents en utilisant une carte de crédit.

Les parents pensent qu'en fournissant une carte de crédit à leurs adolescents, ils leur apprendront à être responsables, mais ce n'est pas le cas. Les adolescents perçoivent cette carte comme de l'argent gratuit et ne sont généralement pas conscients des intérêts, des frais de retard et des autres dépenses liées au non-paiement.

Lorsque la carte de crédit devient ingérable, les parents interviennent généralement pour secourir leur enfant, ce qui le rend encore plus irresponsable en matière de paiement, car il sait qu'il sera bientôt secouru.

Des enquêtes récentes indiquent que seuls 52 % des lycéens sont conscients des difficultés liées aux cartes de crédit et aux impôts, ce qui indique une situation catastrophique. Ce sont ces élèves que les spécialistes du marketing recherchent, et leur ignorance les rend vulnérables.

Les adolescents qui ne parviennent pas à rembourser leurs dettes financières finissent par ruiner leur historique de crédit. Certains se suicident même en raison de leurs dettes ingérables et du manque d'aide.

Vous devez apprendre à vos adolescents la valeur de l'argent, mais ils ont également besoin d'une certaine forme de carte ou d'argent liquide pour commencer leur indépendance. Si vous ne savez pas quel type de carte de crédit convient le mieux à vos enfants, voici quelques conseils sur les cartes de crédit pour adolescents.

Évitez d'utiliser une carte de crédit standard.

Si vous avez des enfants, vous devez éviter les cartes de crédit classiques, car elles n'encouragent pas les dépenses responsables. Si une carte de crédit permet à un enfant de faire des erreurs de dépenses et d'en tirer des leçons, le fait de lui accorder une ligne de crédit se soldera presque certainement par un désastre. Vous n'avez aucun moyen de l'empêcher de dépenser la totalité de la limite en une seule fois, ce qui vous endette, vous et votre famille.

Les cartes prépayées.

Bien que les cartes de crédit traditionnelles soient une mauvaise idée, il existe sur le marché un nouveau type de cartes spécialement destinées aux enfants.

Ces cartes, appelées cartes prépayées, présentent la plupart des caractéristiques d'une carte de crédit, à l'exception du fait que vous chargez de l'argent sur la carte comme vous le feriez avec un téléphone portable. Plutôt que de donner une carte de crédit à votre enfant, vous pouvez charger de l'argent sur la carte chaque semaine ou chaque mois et le laisser l'utiliser à sa guise.

Les cartes prépayées présentent un certain nombre d'avantages.

Le principal avantage d'une carte prépayée est qu'elle combine la commodité d'une carte avec la possibilité de gérer les dépenses. Elle est donc essentielle pour les parents qui souhaitent inculquer la responsabilité financière à leurs enfants tout en gardant le contrôle sur le montant et la nature de leurs dépenses.

En fournissant à leur enfant une carte qui comprend un relevé, les parents peuvent contrôler comment et quand leur enfant dépense son argent. Il s'agit d'un outil extrêmement utile pour apprendre aux enfants à gérer leur argent. En outre, les cartes prépayées sont plus sûres que de laisser votre enfant porter de l'argent liquide, ce qui lui permet de faire des achats sur Internet.

Inconvénients des cartes prépayées.

Si beaucoup pensent que ces cartes sont plus sûres pour les enfants que d'autres produits financiers, leur viabilité suscite encore des inquiétudes. Bien qu'elles soient commercialisées comme un outil permettant d'apprendre aux jeunes ce qu'est l'argent, cela peut être accompli de bien d'autres manières qu'en leur remettant une carte.

En outre, le suivi des dépenses n'est pas toujours simple, car certaines cartes permettent de retirer de l'argent liquide, ce qui permet aux utilisateurs de dépenser leur argent pour n'importe quoi. En outre, il existe un risque que les parents chargent les cartes avec trop d'argent, ce qui aurait l'effet inverse de l'enseignement de l'argent aux enfants et les conduirait à penser qu'ils peuvent dépenser tout ce qu'ils veulent.

En outre, ces cartes sont assorties de frais, tels que des frais de demande et des frais de recharge. Bien que ces cartes puissent être bénéfiques pour certaines familles, vous devez examiner attentivement les avantages et les inconvénients avant de décider d'en donner une à votre enfant.

Considérez le lien qui existe entre les étudiants et leurs cartes de crédit. Une hypothèse répandue que nous semblons tous croire est qu'aucun étudiant ne sait gérer ses fonds.

Nous pensons que simplement parce qu'une personne est encore adolescente, elle n'a pas la discipline nécessaire pour maîtriser ses dépenses. Est-ce là une représentation juste des millions d'étudiants qui peuplent notre monde ? J'en doute. Dans mes interactions avec des individus plus jeunes, j'ai découvert que beaucoup d'entre eux sont bien équilibrés et peuvent bien gérer leurs finances.

Naturellement, tous les enfants ne sont pas vraiment préparés au monde effrayant des cartes de crédit. Il faut s'y habituer. Il y a beaucoup de jargon qui doit être saisi au départ. Il y a une pléthore de règles à respecter. Il y a une pléthore de paiements mensuels à effectuer.

Il y a aussi l'énorme commodité avec laquelle une carte de crédit vous permet de gérer vos nombreuses dépenses. Une fois que vous quittez la sécurité de votre foyer et que vous vous installez sur le campus, la liberté retrouvée peut vous sembler incroyable. Toutefois, cette liberté nouvellement acquise peut conduire à un tout autre mode de vie et à des dépenses excessives.

L'université est une expérience tout à fait unique. Elle peut être assez choquante si vous n'y êtes pas préparé, et les cartes de crédit font partie des variables qui contribuent à la nouveauté de cette vie.

C'est pourquoi un nombre croissant d'institutions insistent sur la pertinence de l'utilisation des cartes de crédit chez leurs étudiants, et les collèges ne sont pas les seuls à le faire. Les émetteurs de cartes de crédit ont également accepté d'abandonner le terme "opportuniste". Ils ont eux aussi développé des cours (dont certains sont certifiés) pour éduquer les jeunes élèves sur les différentes facettes de l'utilisation du crédit.

De nombreux adolescents agissent comme si les cartes de crédit étaient de l'argent gratuit. De nombreux cours d'éducation financière éduquent les adolescents sur les avantages et les inconvénients des cartes de crédit. Un collégien peut maximiser les récompenses de sa carte de crédit en l'utilisant prudemment.

L'utilisation irresponsable d'une carte de crédit peut entraîner des dettes. Les étudiants doivent être conscients de ce risque avant de prendre l'habitude d'établir un budget excessif. Les antécédents de crédit peuvent traquer un individu pendant des années. Cependant, vous pouvez éviter cela en jouant prudemment avec vos cartes.

CHAPITRE 3

Comment aider votre adolescent à comprendre les impôts.

Les adolescents ont tendance à prendre la vie très au pied de la lettre. Par exemple, lorsqu'ils acceptent un emploi, ils s'attendent à gagner le montant exact proposé. Cependant, la vie ne fonctionne pas de cette façon et vous pouvez aider votre adolescent à s'adapter en lui apprenant ce qu'est l'impôt.

Toute personne, quel que soit son revenu, est soumise à l'impôt sur le revenu. Grâce à ces impôts, le gouvernement peut générer des fonds pour fournir aux citoyens des services bénéfiques et financer les efforts militaires.

Votre adolescent doit comprendre que le calcul horaire de son revenu hebdomadaire n'est pas une science exacte. En lui expliquant le fonctionnement de l'impôt sur le revenu, vous l'aiderez à comprendre que son salaire horaire est une estimation approximative de ce qu'il a gagné pendant une journée de travail. Le nombre d'heures de travail multiplié par le salaire horaire ne correspondra pas au montant figurant sur le chèque.

Lorsqu'un adolescent obtient un emploi, il doit remplir un formulaire fiscal qu'il ne comprendra probablement pas. Les formulaires fiscaux doivent être remplis avec précision, car le gouvernement utilisera ces informations pour déterminer le montant et le type d'impôts à déduire de son salaire. Par conséquent, les parents doivent aider leurs adolescents à comprendre les détails des formulaires fiscaux et à les remplir.

Les personnes qui gagnent moins qu'une somme spécifiée par le gouvernement ne sont pas obligées de déclarer leurs impôts. La majorité des jeunes qui travaillent entrent dans cette catégorie et sont exonérés d'impôts, en particulier au cours de leur première année d'emploi.

Les parents doivent aider leurs enfants à augmenter leurs revenus en demandant toutes les déductions fiscales disponibles. Par exemple, le fait de figurer sur la déclaration de revenus de ses parents est une déduction fiscale qui leur permet de conserver une plus grande partie de l'argent qu'ils ont travaillé si dur pour gagner. C'est une excellente décision, car la majorité des adolescents ne rempliront pas de déclaration de revenus.

À mesure que les adolescents mûrissent et commencent à gagner plus d'argent, leur approche de la fiscalité évolue. Aidez-les à comprendre qu'ils doivent faire tout leur possible pour profiter de la brève période pendant laquelle ils ne seront pas imposés, car ce ne sera plus le cas lorsqu'ils gagneront plus d'argent et devront remplir une déclaration et payer d'autres impôts.

De nombreux adolescents gagnent de l'argent de manière indépendante en vendant des articles sur eBay, en gardant des enfants et en effectuant d'autres tâches. Ces bénéfices peuvent amener le revenu de votre adolescent au point où il doit déclarer ses impôts.

Vous pouvez déterminer s'il est possible d'éviter la déclaration d'impôts. Par ailleurs, il pourrait être prudent d'expliquer à votre enfant certains des nombreux formulaires fiscaux et de l'encourager à préserver son argent, car il pourrait devoir des impôts à l'IRS.

Apprendre les impôts aux enfants dès le début de leur vie professionnelle les préparera à faire face à cette réalité. Discutez avec eux de l'importance de tenir des registres précis de leurs revenus afin qu'ils puissent déterminer si le gouvernement les oblige ou non à payer des impôts à la fin de l'année.

CHAPITRE 4

Pourquoi les adolescents devraient commencer à épargner tôt?

Et si le meilleur cadeau financier que vous ayez jamais offert à un enfant ne vous coûtait rien mais lui permettait d'hériter d'un million - ou d'un pécule de deux dollars ?

Si vous êtes du genre frugal, cela devrait vous faire sourire. Alors, quel est ce magnifique cadeau financier ?

Bien sûr, le conseil. C'est-à-dire que si l'on commence à épargner régulièrement dès l'enfance, la somme d'argent que l'on peut acquérir sur une longue période de temps est stupéfiante.

Le montant d'argent qu'une personne gagne détermine sa richesse ; le montant d'argent qu'elle épargne et le plus tôt elle commence, le mieux c'est.

Lorsque les revenus de placement d'une personne dépassent ses dépenses mensuelles, elle a atteint l'indépendance financière. De nombreuses personnes qui semblent riches gagnent des salaires substantiels mais n'ont que peu ou pas de valeur nette ; elles peuvent également être très endettées et loin d'être autonomes financièrement."

"Les experts financiers s'accordent à dire qu'il est essentiel de commencer à enseigner l'argent aux enfants dès leur plus jeune âge, dès 5 ou 6 ans, ou à tout le moins bien avant qu'ils ne commencent à utiliser des cartes de crédit et des applications mobiles. Lorsque nous atteignons l'âge de sept ans, nos attitudes à l'égard de l'argent sont largement formées par l'imitation du comportement de nos parents."

"Supposons que vous commenciez à investir 2 000 dollars par an à l'âge de 19 ans et que vous vous arrêtiez à 29 ans (soit un total de dix ans) pour un investissement total de 22 000 dollars, tandis que votre frère commence à investir 2 000 dollars par an à l'âge de 38 ans et continue jusqu'à 60 ans (soit un total de vingt-deux ans pour un investissement total de 46 000 dollars). En supposant un rendement annuel de 6,5 %, vous aurez plus de 231 000 $ dans votre portefeuille au moment où vous atteindrez 60 ans, tandis que votre frère aura environ 7 000 000 $."

En d'autres termes, les intérêts composés ont besoin de temps pour opérer leur magie.

Cependant, l'argent est la partie la plus belle - pas tout. En effet, bien plus que le montant d'argent épargné, il est essentiel d'adopter la pratique de mettre régulièrement de l'argent de côté, c'est-à-dire de vous payer en premier.

Payez-vous d'abord - et vous atteindrez la sécurité financière.

Combien devez-vous vous payer ?

Considérez les chiffres supplémentaires suivants ;

"À votre avis, combien d'argent obtiendriez-vous si vous investissiez 2 400 dollars par an, disons 200 dollars par mois, au cours des 30 années suivantes, avec un rendement annuel moyen de 15 % ?"

1,4 million de dollars. Wow !

Cependant, pour tous les adolescents, considérez ceci : "Si vous commencez à épargner 30 dollars par mois à l'âge de 18 ans et continuez jusqu'à 65 ans (ou 47 ans), en obtenant un rendement moyen de 15 % par an, combien finirez-vous par avoir ?"

Deux millions de dollars. WOW !

"L'une des principales raisons pour lesquelles il est si difficile d'épargner est que personne ne le souhaite vraiment. C'est vrai. Tout le monde veut que vous dépensiez le plus d'argent possible."

CHAPITRE 5

Possibilités d'emploi à temps partiel pour les adolescents.

Vous venez d'avoir 16 ans et vous vous sentez plutôt sûr de vous. Vous avez récemment obtenu votre permis de conduire et, avec l'aide de vos parents, vous avez acheté votre première voiture, ce qui vous permet de voyager et de faire des choses seul que vous ne pouviez pas faire à 15 ans.

Vous avez la possibilité de vous rendre en voiture à des fêtes, à des bals d'école et à des matchs de football du lycée, ainsi qu'au cinéma ou à la plage avec votre compagnon. Le problème, c'est que maintenant que vous avez plus de responsabilités, comme le paiement de la voiture, vous devez aussi commencer à gagner plus d'argent que l'année dernière.

C'est pourquoi vous devez chercher un poste mieux rémunéré, et dans cet article, nous vous indiquerons les meilleurs emplois à temps partiel pour les jeunes de 16 ans afin que vous puissiez commencer à payer votre voiture et économiser de l'argent. Bien que la période économique actuelle soit difficile, il existe encore des emplois très bien rémunérés.

Le métier de serveur ou de serveuse est l'une des meilleures professions à temps partiel pour un jeune de 16 ans. Les postes de serveurs font partie des professions les mieux rémunérées pour les adolescents, et cela n'est pas dû au revenu horaire, qui se situe généralement entre 9 et 13 dollars de l'heure. Cela est dû aux suggestions que vous pouvez faire sur place. Si une serveuse ou un serveur est compétent, il ou elle peut souvent gagner entre 100 et 200 dollars de pourboires.

Lorsque les gens entrent dans un restaurant pour dîner, ils sont à la recherche d'un repas décent, mais ils cherchent aussi quelqu'un avec qui converser et qui puisse les faire se sentir un peu mieux qu'au moment où ils sont entrés. Votre rôle n'est donc pas seulement de fournir un service culinaire exceptionnel à ces clients, mais aussi d'agir comme un psychologue en répondant à leurs besoins d'estime de soi.

Un bon serveur ou une bonne serveuse peut rapidement établir une réputation parmi les clients du restaurant, et si vous êtes très apprécié, les clients demanderont souvent à s'asseoir à la table où vous êtes serveur. C'est un environnement au rythme rapide, et vous aurez besoin de beaucoup d'énergie pour réussir.

Si un emploi de serveur est un peu trop rapide pour vous, j'envisagerais de postuler pour un poste de bibliothécaire dans votre bibliothèque locale. Les bibliothécaires gagnent souvent entre 8 et 12 dollars de l'heure, mais ils travaillent beaucoup en dehors des heures de travail, ce qui te laisse beaucoup de temps non seulement pour lire tes livres préférés, mais aussi pour te concentrer sur tes devoirs et les terminer afin de pouvoir t'amuser et sortir avec tes amis quand tu rentres à la maison.

Si votre journée est beaucoup trop stressante pour vous, le bénévolat à la bibliothèque locale peut être la réponse à vos prières. Au moment où vous cesserez de travailler dans votre bibliothèque préférée, vous aurez acquis une expertise dans différentes disciplines grâce au temps suffisant dont vous disposerez pour étudier de nombreux livres.

Le baby-sitting est l'emploi le plus répandu chez les adolescents de 14 ans et plus. Il s'agit du poste le plus sûr pour eux, car leur seule responsabilité sera de s'occuper d'un enfant au nom de ses parents. Presque tous les adolescents ont déjà eu une expérience de baby-sitting.

La deuxième option la plus populaire est de travailler comme serveur dans des restaurants et des chaînes de restauration rapide, ce qui peut être extrêmement gratifiant, surtout si l'établissement est rempli de clients généreux qui laissent quotidiennement de gros pourboires.

Généralement, on voit des adolescents et des étudiants travailler comme serveurs de repas dans des stands de hamburgers ou des cafés. Ce type d'emploi est bénéfique pour les adolescents car il leur permet de gagner de l'argent pour aider à financer leurs études. Cependant, il existe encore de nombreuses possibilités d'emploi pour les étudiants et les adolescents qui leur permettront de gagner de l'argent tout en les préparant à une future carrière.

Certains des meilleurs métiers pour les jeunes, comme les étudiants et les adolescents, les exposent aux possibilités d'une carrière professionnelle. Par exemple, si les étudiants et les adolescents aspirent à devenir enseignants à l'avenir, ils peuvent chercher un emploi de tuteur pour les jeunes élèves ou les élèves plus faibles dans une certaine matière.

De même, certains jeunes qui aspirent à devenir des hommes d'affaires prospères peuvent obtenir des emplois d'été comme assistants ou secrétaires dans des entreprises. En obtenant ce type de travail, les adolescents pourront acquérir des connaissances simples qui les aideront à comprendre les opérations commerciales.

Certains hôpitaux offrent également des emplois dans le domaine des soins de santé aux adolescents. Les étudiants et les adolescents sont encouragés à postuler pour des postes à temps partiel dans les hôpitaux, les cliniques et autres établissements de soins de santé.

Ils pourront y apprendre certaines choses qui les aideront à l'avenir s'ils souhaitent devenir infirmiers, technologues médicaux ou médecins, ou exercer d'autres professions dans le domaine de la médecine et des soins de santé.

Les adolescents recherchent généralement des carrières agréables. C'est pourquoi ils recherchent des professions qui correspondent à leurs passions et à leurs intérêts. Si vous êtes un adolescent passionné par les animaux et les animaux de compagnie, travailler dans un zoo local ou une clinique vétérinaire en tant qu'employé à temps partiel ou à temps plein sera une excellente option pour vous.

Cela permet aux adolescents d'en apprendre davantage sur les sujets qui les enthousiasment.

Travailler dans un magasin qui propose des automobiles, des motocyclettes et d'autres véhicules pour les jeunes intéressés par l'automobile peut être la meilleure option.

Les adolescents sont généralement assez impulsifs et veulent essayer une variété d'activités simultanément. Ils s'ennuient facilement, encore plus lorsqu'ils travaillent. C'est pourquoi les parents devraient envisager de leur trouver un emploi qui leur permette de s'amuser tout en gagnant de l'argent et en apprenant de leur expérience.

Cependant, les carrières idéales pour les adolescents n'impliquent pas un travail éreintant ou de longues heures debout à effectuer des tâches répétitives sans gagner beaucoup d'argent. Les emplois en ligne adaptés aux adolescents de 14 ans vont des blogs aux réponses aux formulaires d'enquête sur Internet. Ces emplois sont sans aucun doute les plus faciles et les plus gratifiants financièrement pour les jeunes de plus de 14 ans.

Le jeune sera rémunéré en fonction du nombre de questionnaires d'enquête en ligne remplis. L'horaire de travail est flexible et leurs efforts sont mesurés en termes de questionnaires remplis. Tout ce dont ils ont besoin, c'est d'un ordinateur personnel ou portable avec un accès permanent à Internet.

S'ils préfèrent reporter leur travail de la journée, ils peuvent le faire librement, contrairement à d'autres professions physiques qui nécessitent le respect d'un horaire strict chaque jour. Les emplois en ligne de ce type peuvent être considérés comme sûrs car ils permettent aux employés de travailler depuis le confort de leur domicile et ne nécessitent pas de déplacements.

CHAPITRE 6

Les moyens pour les adolescents de générer des revenus passifs.

Possibilités de gagner de l'argent en ligne pour les adolescents

Vous l'ignorez peut-être, mais il existe des centaines de méthodes pour gagner de l'argent en ligne. Comme la plupart des adolescents recherchent actuellement du travail en ligne, les offres d'emploi et les missions aléatoires sur Internet se multiplient.

Cela démontre la quête permanente d'indépendance financière des adolescents, et le World Wide Web est sans conteste le meilleur endroit pour gagner de l'argent pour les adolescents, car les possibilités de gagner de l'argent en ligne sont pratiques et gratuites.

Les adolescents peuvent faire beaucoup de choses en ligne. S'ils possèdent une expertise particulière, comme l'écriture, la conception de sites Web ou la programmation, ils peuvent l'utiliser pleinement en ligne. Le travail en free-lance en ligne est l'un des moyens les plus populaires pour les jeunes de gagner de l'argent rapidement.

Le marketing Internet est particulièrement populaire aujourd'hui, ce qui signifie que la rédaction d'articles aléatoires pour des prestataires de services de rédaction pourrait potentiellement constituer un emploi à long terme. Tant que vous pouvez rédiger rapidement des articles de qualité, vous pouvez gagner 20 à 25 dollars en 2 à 3 heures.

Ce revenu peut encore augmenter si vous vous concentrez sur des articles concernant la santé, la finance et les investissements, car ce sont les secteurs les plus lucratifs. Les adolescents peuvent également participer au marketing d'affiliation. Ils peuvent gagner jusqu'à 15 dollars en fournissant simplement des noms, des prénoms, des résidences, des états et des codes postaux.

Si vous n'êtes toujours pas satisfait de ces méthodes, vous pouvez obtenir des informations supplémentaires sur la façon de gagner de l'argent sur des sites de patients qui cultivent des gadgets. Ces sites fournissent des informations supplémentaires sur la façon de gagner de l'argent en ligne.

Grâce à l'utilisation d'un appareil photo numérique.

Grâce à l'ère de l'information et à un peu de créativité, un nombre croissant d'adolescents peuvent s'assurer un revenu passif confortable. Leur gadget unique en son genre est un simple appareil photo numérique.

Il est bien connu que l'emploi n'est pas l'option la plus sûre dans le monde globalisé d'aujourd'hui. La sécurité sociale, en revanche, ne l'est pas. Les individus découvrent que même s'ils travaillent pour une "entreprise de premier ordre", leur avenir n'est pas aussi brillant que celui des générations précédentes.

Les entreprises licencient leurs employés et externalisent le travail dans des pays où la main-d'œuvre est moins chère. Elles laissent leur personnel de vingt et trente ans se retrouver au chômage. Les entreprises réduisent les avantages sociaux et les cotisations des employés existants.

L'ère de l'information a rendu les adolescents conscients des événements mondiaux. Leurs parents, oncles et voisins perdent leur emploi dans les grandes entreprises. Les adolescents dont les parents travaillent encore se rendent compte qu'ils ne pourront plus passer de temps ensemble.

Ces adolescents envisagent d'autres moyens de mener une existence agréable sans sacrifier l'argent, la famille ou le temps. Ils ont découvert une solution simple : le revenu passif consiste à mener une existence agréable sans compromettre l'argent, la famille ou les loisirs.

Le coût d'un appareil photo numérique, d'un ordinateur et d'une connexion Internet diminue.

L'internet est un marché libre où chacun peut vendre des produits numériques à n'importe qui sur la planète. L'acheteur effectue un achat par carte de crédit et télécharge le produit. L'entreprise n'a plus à supporter les frais d'expédition.

Certaines personnes publient leurs photos numériques en ligne et sont rémunérées pour cela. Les adolescents ressentent la même chose. Soumettre des photographies à des sites d'images de stock n'exige pas du photographe qu'il soit un professionnel. Les deux pièces d'équipement les plus importantes sont un appareil photo numérique et une connexion Internet.

Les entreprises et les particuliers utilisent souvent les sites de photos de stock, car il est moins coûteux de parcourir ces sites pour trouver ce dont ils ont besoin que d'engager un photographe professionnel, ce qui peut s'avérer plus coûteux. Plus ils téléchargent d'images numériques, plus ils gagnent de l'argent.

Il s'agit d'une excellente opportunité pour quiconque possède un appareil photo numérique de gagner confortablement sa vie en ligne. Certaines entreprises veulent des images quotidiennes en ligne et recherchent des personnes pour donner ces photos en échange d'un paiement horaire basé sur le nombre d'heures passées à télécharger ces photos ; aucune expertise n'est nécessaire pour commencer à gagner de l'argent en utilisant un appareil photo numérique.

La revente de maisons.

La revente de maisons peut être une excellente stratégie pour gagner rapidement une somme d'argent substantielle. Quel que soit votre âge, si vous avez les connaissances et la capacité de retourner une maison, vous pourriez être sur la voie d'un énorme compte en espèces. Considérez ceci : si vous pouvez apprendre à retourner des propriétés à un jeune âge, vous pouvez commencer à établir votre indépendance financière une maison retournée à la fois.

Le marché de l'immobilier est en constante évolution. À un moment donné, le cycle est au plus bas, ce qui vous permet d'acheter des maisons à des prix très bas, et le cycle atteint un sommet, ce qui vous permet de vendre la propriété à un prix plus élevé que prévu.

Étant donné que la transformation de propriétés ne nécessite que peu ou pas de mise de fonds, il s'agit peut-être de la carrière idéale pour la jeune génération. Assistez avec votre adolescent à une réunion dans le cadre d'un programme ou d'un groupe spécialisé dans l'éducation des individus sur la façon de retourner des maisons.

Permettez-lui d'être le témoin direct du flux de revenus inépuisable qui découle du retournement de maisons. Susciter l'enthousiasme de votre adolescent à ce sujet pourrait être l'une des choses les plus bénéfiques que vous ferez pour lui dans le monde réel.

Si vous voulez aller plus loin, pourquoi ne pas l'aider à transformer ses premières maisons ? Apprendre ensemble est une excellente façon d'atténuer une partie de la tension associée à la première fois.

Pour garder une longueur d'avance dans la société actuelle, vous devez avoir le scoop de l'intérieur. Vous pourriez être celui qui livre un tel scoop à votre enfant, en donnant aux gens la possibilité d'investir de l'argent dans l'activité de house flipping et un sentiment de satisfaction et de fierté lorsque leurs propriétés sont vendues. Rien n'est plus gratifiant que de savoir que vous avez votre mot à dire sur votre indépendance financière, surtout lorsque vous êtes encore adolescent.

CHAPITRE 7

Préservez votre salaire en élevant un adolescent autonome sur le plan financier.

Il est plus important que jamais pour les parents d'armer leurs adolescents des connaissances nécessaires pour naviguer dans le monde financier réel dans l'environnement actuel. Les jeunes sont confrontés à des difficultés financières dès qu'ils quittent le filet de sécurité de leurs parents.

Chaque jour, nous lisons des articles sur les conséquences de l'impréparation des gens : dettes record, saisies et faillites ne sont que quelques-uns des problèmes auxquels les gens sont confrontés. Ce sont les principaux, mais n'oubliez pas qu'un seul retard de paiement sur une carte de crédit les poursuivra pendant sept ans. Si vous fournissez à vos enfants les compétences fondamentales en matière d'éducation financière nécessaires à l'indépendance financière, ces problèmes peuvent être évités.

En examinant les statistiques, il est clair que la plupart des parents n'ont pas les connaissances nécessaires pour éduquer un adolescent financièrement responsable. Au cours des 50 dernières années, les écoles secondaires publiques ont enseigné des sujets similaires, mais l'éducation financière n'en fait pas partie. Par conséquent, de nombreux parents n'ont jamais reçu d'enseignement sur l'argent et sont mal équipés pour élever un adolescent financièrement responsable.

Élever un adolescent financièrement responsable est crucial dans le monde d'aujourd'hui. Vous pouvez utiliser des stratégies pour préparer votre enfant à l'indépendance financière dès son plus jeune âge. Même si vous avez commis des erreurs financières, il existe des options pour vous aider à offrir à vos enfants les avantages que de nombreux parents souhaitent.

En aidant votre enfant d'âge scolaire ou universitaire à atteindre l'indépendance financière, vous lui offrez un avantage qu'il utilisera quotidiennement.

Le développement d'un caractère moral fort permettra à votre jeune de gagner plus d'argent, d'être plus compétitif sur le marché du travail et d'être une personne respectable dans l'ensemble. Être un membre respecté de la communauté l'aidera à atteindre l'indépendance financière dans la société d'aujourd'hui. Les personnes les plus riches et les plus respectées sont celles qui respectent des normes éthiques élevées.

La clé pour élever un adolescent financièrement responsable est de développer ses capacités de communication. Cela leur permet de persuader les autres et de les aligner sur leurs objectifs personnels, une qualité nécessaire pour augmenter leur capacité de gain.

En les aidant à développer leurs compétences en matière d'écriture et d'expression orale, on augmente leurs chances d'être employés et on s'assure qu'ils sont payés équitablement. En outre, les communicateurs exceptionnels ont plus de chances d'être promus à des postes de direction ou de devenir des entrepreneurs prospères.

La négativité entrave de nombreux aspects de la vie et peut compromettre les chances d'indépendance financière d'un adolescent. Apprenez à vos enfants à penser de manière stratégique.

La création d'une image vivante du résultat souhaité leur donnera la motivation nécessaire pour atteindre leurs objectifs. Les attitudes favorables attirent les événements positifs, alors encouragez-les à cultiver un état d'esprit qui les aidera à devenir un adulte heureux, équilibré et financièrement responsable.

Aidez votre adolescent à identifier et à poursuivre ses passions. Donnez-lui des conseils sur la façon de gagner de l'argent en suivant ses passions. Lorsque votre enfant est passionné par son travail, celui-ci cesse d'être ressenti comme un travail et il s'y épanouit. En connaissant les rêves de votre adolescent, vous pourrez mieux les connaître et l'aider à développer une compétence pour la vie.

De solides habitudes d'organisation l'aideront à atteindre l'indépendance financière à un jeune âge. Donnez l'exemple ; montrez à votre adolescent les avantages d'avoir un emploi du temps, un espace et une vie organisés. Cela leur permettra de maximiser leur potentiel de gain.

Ces étapes peuvent vous aider à vous engager sur la voie de l'indépendance financière. Bien sûr, des leçons financières supplémentaires doivent être données pour les aider à gérer leur argent ; néanmoins, aider votre enfant à développer un esprit sain est une première étape clé.

En l'aidant à développer ces compétences, vous l'aidez à acquérir la liberté associée au fait de ne pas avoir à se soucier de l'argent. Vous pouvez aider votre enfant à atteindre l'indépendance financière dès son plus jeune âge en le dotant des compétences nécessaires pour réussir dans le monde réel.

CHAPITRE 8

Attitudes financières pour aider votre adolescent.

Les adolescents et l'argent sont deux mots qui s'excluent mutuellement. Les premiers recherchent et exigent généralement le second. En tant que parent, en cette période d'incertitude financière, que pouvez-vous conseiller à votre adolescent à propos de l'argent ?

Outre le fait qu'il ne pousse pas sur les arbres ? En tant que parents, nous souhaitons tous que nos enfants deviennent des adultes responsables et réussissent financièrement. Voici sept attitudes financières qui peuvent être bénéfiques à votre adolescent.

1. S'attendre à des fluctuations.

S'il est une leçon particulière que nous pouvons tirer de l'histoire et de l'argent, c'est bien la volatilité.

Tout aussi sûr qu'il y a de bonnes périodes économiques, il y a de mauvaises périodes économiques. L'économie peut être aussi imprévisible que la météo et tout aussi frustrante si vous la laissez faire.

2. Rien n'est comparable à un dollar gagné.

L'argent de vos parents n'est pas nécessairement votre argent. Même si le fait de recevoir de l'argent quand vous le voulez peut sembler être un rêve, il y a quelque chose de gratifiant à le gagner soi-même. L'équité du travail que vous avez consacré à votre revenu ne pourra jamais se comparer à la médiocrité d'une aumône.

3. N'oubliez pas d'économiser.

Tout comme l'argent, la vie est fluctuante. Tout le monde rencontre des difficultés financières et des difficultés imprévues à l'occasion. Il est donc nécessaire d'avoir une certaine forme d'épargne sur laquelle se rabattre pour atténuer le stress. De plus, l'épargne vous permet d'éviter de contracter des dettes de carte de crédit.

4. Le crédit vous revient.

Le crédit doit être géré avec sagesse. Votre cote de crédit détermine votre admissibilité aux cartes de crédit, aux plans de paiement et aux prêts. Les mesures que vous prenez aujourd'hui en matière de crédit ont une incidence directe sur votre capacité financière future. Même certains employeurs tiennent compte des antécédents de crédit d'une personne lorsqu'ils recrutent un employé.

5. Mettez-le à profit.

Il est non seulement essentiel de gérer l'argent de manière responsable, mais aussi avec sagesse. Vous travaillez dur pour votre argent ; pourquoi ne pas le faire travailler pour vous ? Les perspectives d'investissement sont nombreuses. L'auto-éducation est nécessaire, tout comme la recherche des conseils d'un praticien financier compétent.

6. N'ayez pas peur d'en faire un usage prudent.

Épargner de l'argent est une chose merveilleuse. Investir est également bénéfique. L'argent, en revanche, est conçu pour qu'on en profite. L'astuce consiste à le dépenser avec prudence et de manière responsable.

7. N'en faites pas la base de votre identité personnelle.

En tant qu'êtres humains, nous avons naturellement tendance à considérer les personnes aisées avec plus d'estime que les autres. La prospérité financière peut être séduisante. Elle peut donner à une personne le sentiment d'être forte, populaire et importante.

Cependant, il y a un problème lorsqu'une personne place sa valeur intérieure sur l'argent.

Pourquoi ?

Outre le fait qu'il fluctue, il y aura toujours quelqu'un qui aura plus d'argent que vous. Ou peut-être a-t-il augmenté ses investissements, etc. L'identité de soi doit découler de son caractère intérieur, et non de sa situation financière extérieure.

À mesure que les adolescents mûrissent, ils doivent apprendre des leçons de vie essentielles. En tant que parent, le fait d'inculquer à votre adolescent des attitudes financières saines peut avoir une incidence profonde sur sa relation avec l'argent.

CHAPITRE 9

Préparer les adolescents à la liberté financière.

L'âge adulte n'est plus qu'une question d'années pour les lycéens, et avec lui, la liberté financière de signer des contrats de location, de contracter des prêts et de payer avec des cartes de crédit. Comme beaucoup d'adolescents n'ont pas la patience d'entamer de longues discussions financières, donnez la priorité aux tâches et aux sujets de discussion suivants.

1. Aidez à l'ouverture d'un compte courant. Dans la plupart des États, les enfants de plus de 13 ans peuvent ouvrir un compte chèque avec la signature d'un parent ou d'un tuteur.

Si vous envisagez d'ouvrir un compte, emmenez vos enfants à la banque et asseyez-vous avec un banquier qui pourra leur expliquer comment déposer et retirer de l'argent, utiliser une carte de débit et les conséquences d'un découvert. L'ouverture d'un compte courant permet à vos enfants de se familiariser avec les opérations bancaires et de gérer plus facilement leur propre argent s'ils ont un emploi, une voiture ou d'autres responsabilités financières.

2. Si possible, encouragez le travail à temps partiel. Chaque enfant est unique, et si certains adolescents sont prêts à commencer à travailler dès qu'ils en sont capables, d'autres peuvent avoir besoin d'aide pour découvrir des possibilités adaptées. Si vos enfants demandent souvent de l'argent pour l'essence, les vêtements ou d'autres articles discrétionnaires, le travail à temps partiel peut être un excellent choix.

Veillez toutefois à ce que vos enfants mettent systématiquement l'accent sur le travail scolaire et les autres activités extrascolaires importantes. Un emploi à temps partiel peut aider les adolescents à développer une éthique du travail, à se faire de nouveaux amis et des contacts professionnels, et à gagner de l'argent supplémentaire.

3. Discutez de la manière de payer l'université. Que vous prévoyiez de payer l'école de vos enfants ou que vous attendiez d'eux qu'ils économisent leur argent et contractent des prêts étudiants, il est important de discuter de l'économie de l'université. Il est important de définir les attentes financières en matière d'enseignement supérieur bien avant que vos enfants ne remplissent les formulaires d'inscription à l'université.

Plus vos enfants ont le temps de demander des bourses d'études et d'économiser une partie de leur argent de poche ou de leurs revenus d'un emploi à temps partiel, mieux c'est. Si vous souhaitez payer les frais de scolarité de vos enfants, soyez franc quant à votre situation financière et aux dépenses (le cas échéant) que vous ne pourrez pas couvrir, comme le logement et la pension ou les manuels scolaires.

4. Encouragez l'établissement d'objectifs financiers. Si votre adolescent reçoit une allocation ou un salaire mensuel, proposez-lui de se fixer deux ou trois objectifs financiers avant la fin de ses études.

Qu'il s'agisse d'économiser pour l'université, d'un acompte sur une voiture d'occasion ou d'une console de jeu, apprendre à fixer des objectifs financiers et à en assurer le suivi l'aidera à comprendre les principes fondamentaux de la gestion de l'argent.

N'oubliez pas qu'il est possible d'inculquer de saines habitudes financières avec un soutien et une liberté financière appropriés. Le lycée est le moment idéal pour que vos enfants commencent à accepter de véritables obligations budgétaires et se sentent à l'aise avec elles avant que les contraintes financières de l'université ne se fassent sentir.

CONCLUSION.

De nos jours, la vie est plus difficile, et pratiquement tout le monde est confronté à des défis et à des difficultés financières. Il est rassurant de savoir qu'il existe des professions pour les adolescents qui peuvent les aider à se maintenir financièrement.

Auparavant, on pensait qu'il n'y avait pas d'emploi pour les adolescents en raison de leur manque d'expérience et de leur faible motivation à travailler. Cependant, plusieurs professions rémunératrices sont disponibles pour les adolescents qui sont prêts à gagner de l'argent pour aider à couvrir leurs dépenses à l'école ou à la maison.

Les adolescents travaillent souvent comme équipiers dans les fast-foods. Les adolescents peuvent facilement postuler et être approuvés pour cette profession car elle ne requiert que quelques compétences de base comme le service et le nettoyage. Cependant, certains jeunes ne peuvent pas effectuer toutes ces tâches, qui peuvent prendre beaucoup de temps et épuiser leur énergie et leurs forces.

Nous sommes tous conscients que ce type de travail implique de longues heures. C'est l'un des inconvénients du travail d'équipier dans les restaurants rapides. C'est aussi la raison pour laquelle les jeunes aimeraient choisir une autre profession qui ne nécessite pas beaucoup de travail mais qui leur permet quand même de gagner de l'argent.

Si vous pensez que vous faites partie des jeunes qui ont du mal à trouver ce type d'emploi, alors peut-être que les emplois pour adolescents en ligne sont l'option parfaite pour vous.

De nombreux jeunes recherchent un emploi en ligne car, outre le confort du travail à domicile, la rémunération est relativement élevée par rapport aux emplois qui demandent beaucoup de temps et d'énergie. De nombreuses entreprises engagent des rédacteurs afin de fournir du matériel pour leurs sites Web ou leurs blogs.

Si vous avez une passion pour l'écriture, c'est une excellente opportunité. Outre l'écriture, une autre profession en ligne populaire où vous pouvez gagner votre vie est la réalisation de sondages. De nombreux sites Web proposent des rémunérations extrêmement lucratives pour répondre à des questionnaires d'enquête.

Ce qu'il vous faut, c'est effectuer une recherche en ligne pour trouver une société de sondage en ligne rémunérée et réputée, vous inscrire et fournir vos informations personnelles. Après l'acceptation de vos comptes, vous recevrez votre première enquête et serez payé selon les conditions convenues.

Cependant, ce ne sont pas les seuls emplois pour adolescents disponibles en ligne. De nombreux emplois correspondent à vos intérêts. Le travail en ligne fait partie des carrières les plus pratiques et les plus lucratives qui s'offrent aux adolescents. Il leur permet de gérer leur propre temps et leur inculque un sentiment de responsabilité, les préparant ainsi à la vie dans le monde réel lorsqu'ils seront plus âgés.

Série : La liberté financière à tout âge.

- Atteindre la liberté financière à 20 ans
- Atteindre la liberté financière dans la trentaine
- Atteindre la liberté financière dans la quarantaine
- Atteindre la liberté financière dans la cinquantaine
- Atteindre la liberté financière à 60 ans
- Atteindre la liberté financière à 70 ans et plus.
- Atteindre la liberté financière chez les enfants
- Atteindre la liberté financière chez les adolescents
- Atteindre la liberté financière chez les étudiants universitaires.
- Les escroqueries financières dont il faut se méfier à la retraite.

www.ingramcontent.com/pod-product-compliance
Lightning Source LLC
Chambersburg PA
CBHW040322220526
45473CB00009B/2533